Pequeñas Estrellas

El paintball de las pequeñas estrellas

Un libro de El Semillero de Crabtree

Taylor Farley y Pablo de la Vega

CRABTREE
PUBLISHING COMPANY
WWW.CRABTREEBOOKS.COM

Acabo de disparar mi
última **bola de pintura**.

Marcó a un **oponente**, por lo que fue eliminado.

Encuentro un lugar para esconderme y recargo mi **marcadora**.

Mi marcadora tiene cuatro partes.

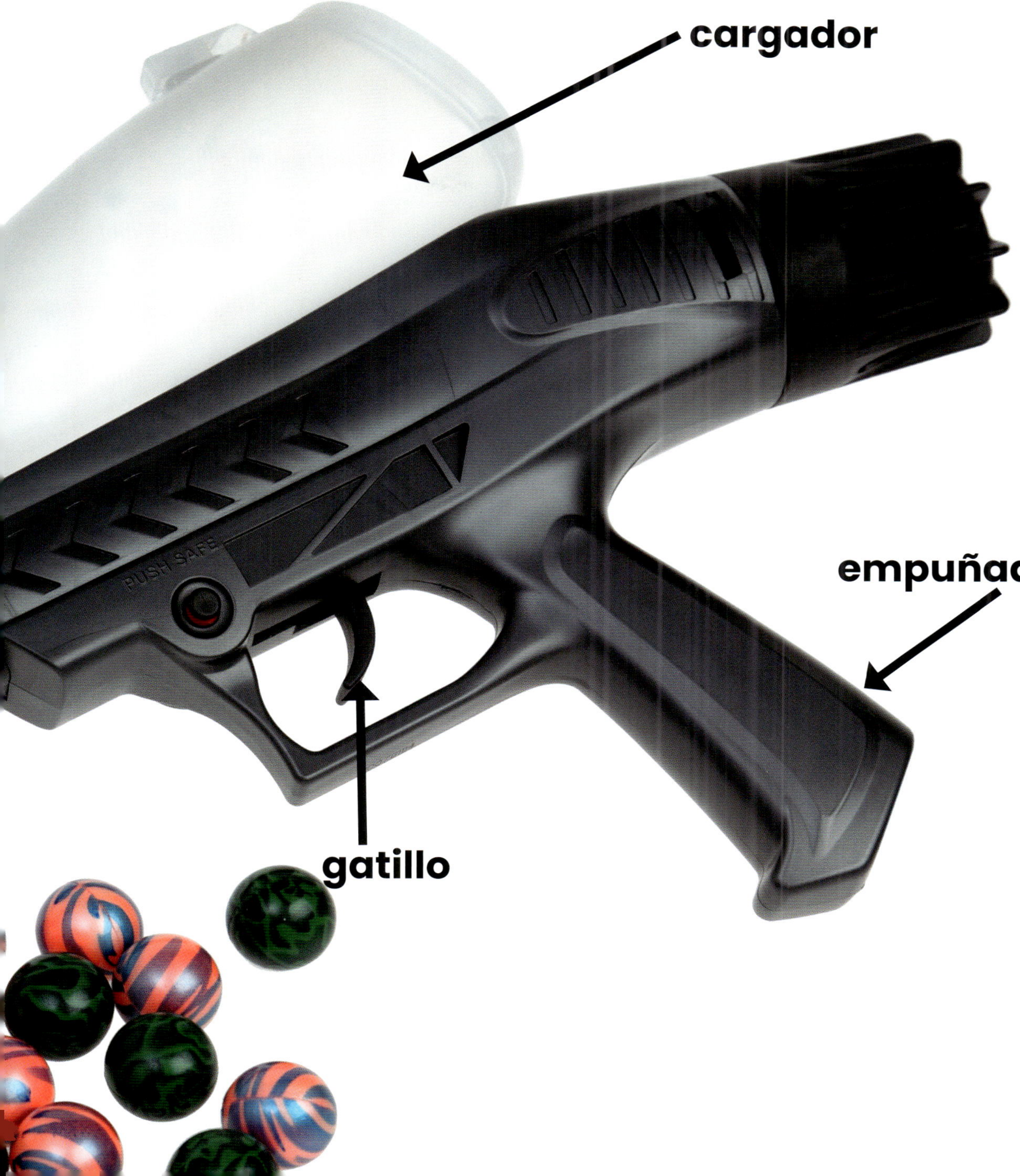
cargador
empuñadura
gatillo

La bolas de pintura son almacenadas en el cargador.

Puedo cargar bolas de pintura extra en contenedores.

Veo a mi alrededor para encontrar **enemigos**.

Visto ropa **holgada**
y una máscara para
mantenerme **segura**.

Corro por el campo.

Una bola de pintura se impacta en mi máscara.

Fui eliminada,
¡pero me divertí!

Glosario

bola de pintura: Una bola de pintura es una pelota pequeña y redonda llena de pintura de colores.

enemigos: En paintball, los enemigos son los jugadores o el equipo contra el que estás jugando.

holgada: La ropa holgada no se ajusta estrechamente al cuerpo y es adecuada para moverse libremente.

marcadora: Una marcadora es una pistola de paintball.

oponente: Un oponente es alguien que juega contra ti.

segura: Mantenerse segura es evitar ser lastimada.

Índice analítico

Apoyos de la escuela a los hogares para cuidadores y maestros

Los libros de El Semillero de Crabtree ayudan a los niños a crecer al permitirles practicar la lectura. Las siguientes son algunas preguntas de guía que ayudan a los lectores a construir sus habilidades de comprensión. Algunas posibles respuestas están incluidas.

Antes de leer:

- **¿De qué piensas que tratará este libro?** Pienso que este libro tratará sobre el juego de paintball. Quizá nos enseñará las reglas del paintball.
- **¿Qué quiero aprender sobre este tema?** Quiero saber cómo evitan lastimarse los jugadores de paintball cuando practican este juego.

Durante la lectura:

- **Me pregunto por qué...** Me pregunto por qué los jugadores de paintball usan ropa holgada.
- **¿Qué he aprendido hasta ahora?** Aprendí que los jugadores de paintball usan máscaras por motivos de seguridad.

Después de leer:

- **¿Qué detalles aprendí de este tema?** Aprendí que una marcadora de paintball tiene cuatro partes: cañón, cargador, gatillo y empuñadura.
- **Lee el libro de nuevo y busca las palabras del vocabulario.** Veo la palabra *oponente* en la página 4 y la palabra *marcadora* en la página 7. Las otras palabras del vocabulario están en las páginas 22 y 23.

Library and Archives Canada Cataloguing in Publication

Title: El paintball de las pequeñas estrellas / Taylor Farley y Pablo de la Vega.
Other titles: Little stars paintball. Spanish
Names: Farley, Taylor, author. | Vega, Pablo de la, translator.
Description: Series statement: Pequeñas estrellas | Translation of: Little stars paintball. | Translated by Pablo de la Vega. | "Un libro de e semillero de Crabtree". | Includes index. | Text in Spanish.
Identifiers: Canadiana (print) 20210096365 | Canadiana (ebook) 20210096373 | ISBN 9781427131652 (hardcover) | ISBN 9781427131836 (softcover) | ISBN 9781427132000 (HTML) | ISBN 9781427136060 (read-along ebook)
Subjects: LCSH: Paintball (Game)—Juvenile literature.
Classification: LCC GV1202.S87 F3718 2021 | DDC j796.2—dc23

Library of Congress Cataloging-in-Publication Data

Names: Farley, Taylor, author.
Title: El paintball de las pequeñas estrellas / Taylor Farley, Pablo de la Vega.
Other titles: Little stars paintball. Spanish
Description: New York, NY : Crabtree Publishing Company, 2021. | Series: Pequeñas estrellas : un libro de el semillero de Crabtree | Includes index. | Audience: Ages 5-7 | Audience: Grades K-1 | Summary: "If you think you might like paintball, this book covers the basics of equipment, rules, and tips for young paint ballers"-- Provided by publisher.
Identifiers: LCCN 2020056840 (print) | LCCN 2020056841 (ebook) | ISBN 9781427131652 (hardcover) | ISBN 9781427131836 (paperback) | ISBN 9781427132000 (ebook) | ISBN 9781427136060 (epub)
Subjects: LCSH: Paintball (Game)--Juvenile literature.
Classification: LCC GV1202.S87 F3718 2021 (print) | LCC GV1202.S87 (ebook) | DDC 796.2--dc23
LC record available at https://lccn.loc.gov/2020056840
LC ebook record available at https://lccn.loc.gov/2020056841

Crabtree Publishing Company
www.crabtreebooks.com 1-800-387-7650

Written by Taylor Farley
Production coordinator and Prepress technician: Samara Parent
Print coordinator: Katherine Berti
Translation to Spanish: Pablo de la Vega
Edition in Spanish: Base Tres

Print book version produced jointly with Blue Door Education in 2021

Printed in the U.S.A./022021/CG20201215

Photo credits: Cover photo © Iakov Filimonov, cover mask and gun illustration © CHEMADAN, pages 2-3 © Chekyravaa, paint splat © Ramona Kaulitzki, pages 4-5 © Pavel L Photo and Video, pages 6-7 © Chekyravaa, pages 8-9 © Hurst Photo, page 11 © Paulo Oliveira, pages 12-13, 14, 19 © Martin Kovacik, pages 16-17, 21 © Iakov Filimonov
All images from Shutterstock.com

Published in Canada
Crabtree Publishing
616 Welland Ave.
St. Catharines, Ontario
L2M 5V6

Published in the United States
Crabtree Publishing
347 Fifth Ave.
Suite 1402-145
New York, NY 10016

Published in the United Kingdom
Crabtree Publishing
Maritime House
Basin Road North, Hove
BN41 1WR

Published in Australia
Crabtree Publishing
Unit 3 – 5 Currumbin Court
Capalaba
QLD 4157